풀리지 않는 매듭

풀리지 않는 매듭

고미영 시집

세종출판사

시인의 말

어느덧 서산에 해가 기우니
어둠이 세월을 먹고
시간속의 여행을 떠나고 있다.

詩를 좋아하는 마음으로 여태까지 지내오면서
스스로의 삼정만으로 詩를 대하지 않았는지
못내 아쉬움을 간직한 체,
풀리지 않는 매듭속에
인생의 끈, 사랑의 끈, 믿음의 끈, 詩의 끈을 갈구하여
生의 물레방아가 한없이 돌고 돌아 간 것 같다.

항상 마음은 시집을 내야 하는데 하면서도
행동은 내일로 미루다 보니
이제야 주님의 은총으로 시집을 내게 되었습니다.

진당(眞堂) 고미영 로사리아

차례

2부

3부

4부

5부

6부

1부

새벽

뿌옇게 기지개 핀 안개 속으로
꺼져가는 등불의 심줄
숨 가쁜 밤의 호흡을 거두고

고개 숙인 풀 잎사귀
언두빛 생기가 돌면
밤새
심신을 적신 눈물은
잎줄기의 미끄럼을 탄다

싱긋한 내음이 파동치는
5월의 빈 공간
전기줄 끄트머리엔 깃털 세운 새가
동녘 하늘을 향해
저들만의 음률로
한입 한입 가로등을 쪼아먹고

아스발트 위로 곤두박질치는 소리에 놀란
빌딩의 창들은
어렴풋이 빛의 전율을 느끼며
부시시 눈을 뜬다

풀리지 않는 매듭

어둠을 비집는 백열등
시간의 行樂은
人生 마라톤의 테이프를 끊기 직전
부풀은 産母의 가슴
누렇게 빛바랜 몸매
익어가는 논두렁으로
금줄 친 허수아비

천년을 하루같이
이슬로 맺어온 마디마디
한 줌 흙으로 덮인
뿌리의 물레방아 歷史
폭 넓은 치맛자락에 숨겨진
한 톨의 쌀

바람에 뒤틀리는 신음소리
숭고한 땀방울의 閃光
터져 나오는 고음의 함성소리
다시금
모정의 쇠고랑을 이을 때
끝없이 돌아가는 生의 물레방아

커피자판기

바쁜 생활속
길을 가다 우연히 만난 너
자판기 앞에서
목마른 가슴을 축인다
간단히 속삭일 수 있는 매력
커피 한 잔
타오르는 연기 속에
닫힌 마음의 문이 열리고
너와나
흙 묻은 추억이
뭉게뭉게 피어 오른다
오늘도
역 광장에서
수 없이 헌혈하는 커피 자판기
브라운 빛 얼굴
세월에 변함없는 목소리로
만남을 노래부른다

시간의 단막극

오늘을 보내는 아쉬움인가?
내일을 기다리는 애달픔인가?

생활의 화려함은
번잡한 도시의 밀림密林 속으로
정신없이 빠져들어
시간의 노예로 전락轉落하고

황막荒漠한 광야의 공간을 메우기 위해
딱딱한 아스팔트를 울려야 하는
무표정의 초점 없는 눈동자들
한치 양보의 여유도 없이 바둥되던 발걸음을
잠시 멈추어 본다
순간 –
누렇게 곰팡이 껴 헐떡이는 연정戀情에
풋내기의 향기가 밀려온다

아무도 찾는이 없는 황진만장黃塵萬丈한 마을 어귀
마냥
기쁨으로 가득 찬 꼬마아이들의 소꿉놀이
아지랑이 같은 손놀림으로
한올 한올 사랑을 꿰매는
메아리치는 동아의 울타리

막이 내리 텅 빈 무대엔
내동댕이쳐 찢어진 인형 하나
무심無心한 사랑에 통증을 느끼며
심호흡을 하고
바람결에 헝클어진 머리는
어느새 백발白髮이 용솟음 친다

지금은
잠꼬대 같은 환희歡喜와 얼룩진 발자취
복받치던 서러움도
맥빠진 하루의 터널 속으로
가로등의 조명照明을 받으며 잠이 든다

여로

바람이 펼쳐놓은 안개 속으로
곧게 기지개 펴는 가랑잎 배
이슬이 걸쳐놓은 다리를 건너
새벽의 항구를 노젓고

뽀스락 뽀스락
낙엽이 안내하는 골목으로
엊그제 흙 범벅의 첨벙거린 걸음을
오늘 또 내딛는다

어제의 거친 비바람에 휘말려
숨 죽은 풀잎사귀의 여린 추억도
한 걸음 한 걸음
끝없는 그림자 속에 퇴색되고

황혼에 물드는
관객 없는 무대에
둔탁한 시간의 뱃고동 소리만
잇어온 하루를 되돌아 본다

어제, 오늘 그리고 …

노을빛 서산하늘
붉은 물결 천리길

그 옛날 환상幻想의 꿈
깨어나려 뒤척일 때

설렘이 극도로 피는
그리움의 설화雪花여!

역마다 영근 조각
추억의 모자이크

뻗치는 서러움에
목 놓아 울고 가는

떠내기 가슴에 맺힌
옛사연의 곡예가曲藝歌

덜컹되며 새긴 운명
철도와 입맞추며

알알이 맺은 언약言約
부품 꿈을 싣고

끝없이 펼치어가는
기나긴 길 경부선

경계선에 서서

피 흘리는 스러지는 해를 등지면
아련히 들려오는 맥박소리
꿈을 꾸는 산맥들의 꿈틀거림에
숨트는 골짜기에선
물이 흐른다

흐르고 흘러
얼마만큼 왔을까
길고 긴 역사의 터널을 지나
흐르는 강
강 건너편엔
고통으로 흔들리는
가냘픈 몸매의 갈대 숲 속
어제의 한맺힌 이슬방울 씻고 있는
갈대 잎 그 눈물받이

언제나 갈대숲은 우리의 고향
오늘도 가시 돋친 바람에
갈대는 목이 터져라 나를 부르며
그리움의 손짓을 하지만
어둠이 그림자 진 여행의 끄트머리
철조망이 가로막혀

더 이상 갈 수 없는
멀고도 가까운 거리
아! 산위의 구름도 철책을 넘어가고
목청 돋군 새들은 떼를 지어
고향 하늘 찾아 날건만
나는 언제 살대숲으로
어머님 가슴처럼 안겨볼까

그저
안개 낀 북녘하늘 목 박아 둔 채
되돌아서야 하는 안타까움의 귀로
미명의 어둠을 빠져나오는
비포장도로에서

덜커덕 덜커덕 ....

기다림의 멜로디

오염된 도시의 모든 소음을 잊어버린
오직
차와 고요만이 있는 곳
그 곳에서 무한정 기다린다
그대가 오기를

클래식 음악으로 융단의 깔린
밤같은 대낮
따뜻한 한 잔의 커피가
가슴 밑바닥에 와 닿으면
잠자던 그리움이 깨어난다

둥실둥실 올라가는 연기 속에
소리 없는 우리들만의 멜로디가 들리고
언뜻 언뜻 그대 모습 비치면
이 시간 기다림 속으로
잃어버린 나를 찾는다
우리를 찾는다

이렇게 우리는
항상 기다림의 연장선
오늘도
나만의 작은 멜로디를 연주하며
새로운 내일을 기다린다
언젠가 꼭 올 그대를 기다린다

平行線의 메아리

어떻게 하나
장대를 맨 바람이
뉘엿뉘엿 서산을 넘는데
비너스 神이 내린
평행선의 교차로 저 편
붉게 타오르는 그대 얼굴

사랑의 폭포앞에서
마주치면 어렵고
돌아서면 아쉬워
쉰 목소리 내걸고 저울질 하는
끝없는 줄달리기

터질듯 허물어지는 理想의 맥박소리에
그대 가슴이 쓰리면
나의 마음은 열병을 앓고
그대 두눈에 이슬이 고이면
나는 온 종일 숨어 흐느낀다오

그대와 나의 만남이
더 이상
멀지도 가깝지도 않는
동일한 평행선을 일구기 위해
서산의 새들은 쉬시 않고 지저귀는데
아! 어떻게 하나

밤의 환상곡

아카시아잎 입에 물고
가위 바위 보
바람결에 속삭이던 그 목소리
한잎 낙엽속에 파묻히고
콧노래로 걷던 오솔길엔
어둠이 그림자 진다

덧없이 흘러간 세월
온종일 승부 없는 새의 입씨름
천리를 달리는데
오늘도 이슬 맺힌 새장의 좁은 공간 속
사랑은 다람쥐 쳇바퀴 돌 듯
한 번 두 번 세 번
반복의 연속으로 또 하루가 간다

싫다 싫어
이끼 낀 새장이 진저리 난다
머언 아카시아 개화의 그 날 밤
바람결의 네 소리는 이런 것이 아니였어
입다문 하늘아
묵묵히 보슬비만 내리지 말고
뭐라고 말 좀 하려무나

시간은 서리맞은 여인처럼
까맣게 질려 자정을 넘는데
형광등 밑에 곤히 잠든 네 모습
얄밉도록 무심한 얼굴
깊은 밤
창밖 빗속에 아물거리는
녹색 잠꼬대로 이어진다

부산역 전경

마음은 한산한 시골 길을 그리면서도
발 길은 분주한 부산역
이 거리를 걷는다
시간을 재촉하는 기적소리와 함께
가지각색 풍랑이 이는
사시사철 생기 넘치는 삶의 광장
어서가자 빨리가자
희망의 꿈이 푸른 하늘을 치솟는다

싱그러이 뻗는 물줄기를 타고
끝없이 재잘거리는 비둘기
서로 맞댄 동그라미 속으로
유년의 추억을 토해낸다

한없이 떨어지는 맥박의 숨소리
양손엔 절정의 생명을 켜고
들릴듯 말듯 사랑의 넋을 펼치지만
아무도 그 소리는 못 듣는다

오늘도 부산역 광장엔
시계 초점에 발 맞추는 헛기침 소리만
짧은 여유를 채찍질하듯 나부낀다

사진 소묘

이제 어떤 관문이 나를 기다리는가
수 많은 갈래 길을 꺾고 꺾일때마다
손발 맞추어 접어 띄운 종이배
하나, 둘, 셋 …
은하수 바다 위를 촘촘히 메운다

태풍주의보가 내린 어느날
모두들 제 항구 찾아 떠나버린 바닷가
짝 잃은 조각배 하나 유달리
새로운 난관을 통과하듯
거센 풍파에 시달리고 있다

서로 마주보며 꿈을 그리던 우정
헤어지지 말자던 새끼손가락의 약속
한 장 순간적 포착으로 그친
아늑히 멀어져 버린 모자이크 추억
땀서린 돛대를 달고 수평선을 넘는다

눈의 심판으로 살밉도록 그리워지면
목이 터져라 불러보는
무정한 종이배의 사연들
웃어 보고 울어 봐도
잠든 감정 깨울 길 없어
물끄러미 은하수를 바라본다

부화

어미가 되기 위한 발돋움
양지쪽 쓰러져 가는 닭장 안
긴세월 사랑으로 가슴을 품고
한 핏줄의 고귀함을 기도하는 마음
회오리바람 불어 닥치던 날
찬란한 하늘의 분노
잔잔한 여인상은 자취도 없이 사라지고
갈기갈기 찢어지는 가슴 붙들며
신음과 피눈물에 뒤범벅된
기쁨의 몸부림
하느님이 주신 한 소명을 받아
첫 세상을 울리는
고고한 울음소리
개벽의 땅, 천지를 진동시킨다

시행착오

잠시 망각의 시간속으로
열차를 타고 긴 여행을 한다
해 저무는 한적한 시골 도랑가
윙윙 하루살이가 기를 세우고
물소리도 어지럽도록 신바람 난다
사고思考 속에 열린 무도회
꽉 닫힌 가슴의 문이 열리고
아지랑이 손들의 사랑놀이
시간 가는 줄 모르는데
얼만큼 없을까
갑자기 횡설수설 그 누구의 핍박
당신은 춤도 못 추는 등신, 꿈 깨시오
순간, 괘종시계가 조각 난 기억을 토하며
날더러 망각의 팔푼이라 한다
연기 속에 저질러 진 시행착오
넋 나간 황소 보리밭 갈다 무뚝뚝
까맣게 탄 솥뚜껑 바라보며
아차 깜박했구나
하루에도 몇 번씩 바뀌며 흘러가는 구름처럼
잊고 잊으며 살아가는 삶
얼떨떨 뒤통수만 얻어 맞은 시행착오

비오는 날의 일기

I
하나를 얻기 위해선
다른 하나를 잃어야 한다는
자연의 섭리를 잠시 내팽개치고
욕심에 종잡을 수 없는 마음은
모두를 갖기 위해
또 다시 허위적 허위적 고지의 산을 탄다

두 갈래의 길목에서
작은 소망의 푯대로 내딛은 길
등살이 저리도록 가득 꿈을 지고
한걸음 한걸음 땀으로 엮는 산행
언제부턴가
황혼이 깔리는 서산 하늘엔
투덜대는 바람이 서성거린다

정상은 아직 까마득한데
가파른 산중턱에서
무엇엔가 체한 듯
빠근해 진 뼈마디를 쑤시는 소리
하늘을 돌다 부딪혀
천둥 번개로 되돌아 오면
고목의 힘줄기가 뒤틀리고
가슴 속 깊이 쌓였던 흙탕물이 씻긴다

II

한 단계 묵은 연륜의 산울림
그래 이런 소리가 다가오는구나!
왜 그땐 무심하더니
이 시간 가슴 저미는 쓰라림을 삼켜야 하나
한발 앞 내일에 눈 먼 미련한 이여!

이따금, 무심코 내뱉은 너의 소리는
행복에 겨운 작은 몸부림
막다른 골에 선 작은 나무엔
소리없는 별들이 떨어진다

엊그제
순간의 기쁨과 편안함에 만끽돼
머언 하늘속으로
날려버린 푸르디푸른 이파리의 작은 소망들
벌거벗은 나뭇가지에
물방울만 대롱대롱 매달린
오늘을 그린 수채화

창밖, 새삼 밀려오는 흐느낌 소리에
산행의 정情이 식을새라
비에 젖어 마구 날리는 발걸음은
오늘따라 무겁기만 하여라

2부

길 숲 담쟁이덩굴

소음과 희뿌연 매연이 가득 찬
혼잡한 거리를 모르는
항상 자연의 풍악으로 훈훈한
달동네 언덕
어느 덧 붉게 땅거미 진다

수풀이 엮어 놓은 푸르른 돌담엔
녹음의 내음이 그윽하고
설익은 열매가 맺히는 마디마디
작은 새들의 노랫가락이
바쁜 발목을 붙잡는다

푸성귀의 그리움이 짙게 뻗힌
길 숲 담쟁이덩굴
하고 싶은 일이 얼마큼인가
가고 싶은 길이 얼마큼인가
꿈틀 꿈틀 쉬지 않고 흔들리는
끝없이 이어진 발자욱

풀어도 풀어도 끝이 없는
거미줄의 실뭉치처럼
뛰어도 뛰어도 종착역이 안 보이는
시간의 향로 앞에서
문득, 잃어버린 향수를 그린다

여명의 종소리

어둠이 어둠을 쫓는
도시의 머언 변두리
시간의 고속도로를 달려오는
귀 익은 연가
또 다시 잠든 야망을 깨운다

바위틈에 벌레집을 쑤시듯
층층이 휘황찬란한 빌딩의 숲속엔
밤새껏 흥미에 허덕이는 동작들
방황하며 꼭두각시 춤을 춘다

쓰러지는 달빛 사이로
아스라이 밀려오는 여명의 종소리
새로이 오늘의 숙제를 외친다
외침소리에 색색의 불빛이 떨리고
다리가 저려온다
말없이 그냥 주저 앉는다

오늘도 변함없는 청소부의 일터엔
희망의 산조가 울리고
가슴 밑바닥 여기 저기
죽어 흩어진 가식의 껍질들
드디어 어둠에 웅크린 사랑의 날개를 편다

인형의 독백

유행의 화려함에 휩쓸린 탓일까
유리장식 속 겹겹이 걸친
호화로운 네 모습
노란 머리에 색안경 낀 눈동자
사회가 뿌리는 소리없는 억압에
속 없이 찌들려버린
한 조각 진실을 붙들고
아우성치는 인형
가슴 깊이 고인 말 못할 사연이
역사의 유리벽을 뚫고
하나 둘 옷을 벗으면
속은 초라한 빈털터리
칼날같은 머리칼을 짓씹으며
마음은 울고 있건만
가슴이 쓰리면 쓰릴수록 미소 가득
바람결에 밀려오는 음악소리에
그 마음 아랑곳 없이
또 다시 어김없는 익숙한 행동
안팎 다른 탈을 쓰고
꼭두각시 춤을 추며
짙은 보호색에 감정의 표현까지
잃어버린 인형
가슴 한 구석에 쓰디쓴
한 줄기 눈물 자국만 남아 있을 뿐

방황

화려한 무도회가 열리는
꽃향기 그윽한 숲 속에서
만남의 울타리를 벗어난
방향 잃은 호랑나비 한 마리
외롭게 빙빙 돌며 날개 짓을 하고 있다
초대장을 가슴깊이 접어두고
종잡을 수 없는 마음
파도가 친다
끝없이 밀려오는 갈등의 물결
어디로 가는 걸까?

마음의 씨

장에 가는 발걸음은 설레인다
화려한 장터에서
1시간을 헤매다 모퉁이에서 찾았다
모종하러 나온 농부
황폐된 밭 가다듬고 진리 빛 심으니
수면제라도 먹은 듯 금시 잠에 취해
내동댕이 처진 뿌리 없는 씨
책갈피를 넘기는 소리가 들린다
때로는 스승, 영원한 친구
말없이 내뱉는 훈화로
흔들리던 마음 고정이 되고
어머니 치마폭보다 더 넓은 문장과
눈 맞추노라면 어느새 성인이 되어
마음의 뿌리를 내린다

녹음의 유세

황폐한 대지에 비가 옵니다
숲 풀은 녹음의 노예로 타락합니다
몇십년 묵은 뿌리 깊은 소나무
아침 햇살에 진을 품고 외칩니다
삼백육십오일 변함없이
이 푸르름을 지킬 것입니다
모두들 잠 깨세요
솔방울 방울 소리에 일어나세요
송충이는 솔잎을 먹어야 합니다
바람결에 솔가지가 날카롭게 유세하면
산속의 새 또한 푸드득 날개를 칩니다
이제 매연으로 삭막한 거리는 끝났습니다
6월의 거리에서 땀흘리는 햇빛
가로수 밑 벤츠에서
땀 재우고 있습니다
여기는 영원한 당신의 안식처가 될 것입니다
싱그러운 잎사귀 믿어 보세요
여기 저기 사계절 녹음의 유세가
초록으로 정결을 이룹니다

고향

거친 파도소리 물살로
사방이 뚫린 이름없는 작은 섬
그 옛날 긴 막대기 울러메고
고기 잡으러 가던 꼬마아이들
물장난 치며 멱감고 돌아오네
여름 어느 날
파도가 손짓하는 고향이 그리워
포장 안된 향토길을 덜커덕 덜커덕
단숨에 달려왔더니
나를 반겨줄 이 그림자도 없고
낯선 나그네들만 낚싯대 띄워 놓고
신나게 웅성거리네
낯익은 사람 모두 타향으로 떠나고
초라한 빈 집들 뿐
고향을 지킨다고 허리에 금이 갔네
내 고향 나로도
어느새 낚시터로 유명하다나
개천에서 용났네
순간 그 누구의 숨가쁜 소리
아, 월척을 낚았네
흰 물거품에 실려가는 자진빛
햇볕에 윤이 나건만
나의 죽마고우 어디서 무엇을 하나
흙내음 파도소리에 만취해
옛 흔적 밟으며 물속을 파고 든다

나리꽃

녹음으로 엉킨 정원의 그림속
넝쿨로 휘감긴 담가에
주저리 주저리 색색의 전설이 피면
하늘 향해 고개 숙여
가지가지 기다림의 망울진 나리꽃

바람에 흔들리는 잎사귀
곧게 뻗친 줄기의 선율을 타고
뜨겁게 내리쬐는
태양의 정열을 한몸에 받으며
백팔번뇌 어지러운 세상을 익힌다

그 뉘가 이름을 불러주던 날
기다림에 터질듯한 가슴
하이얀 옷고름 풀어 헤치며
마침내 그리운 하늘과 입맞추고
어엿한 숨결을 소담스레 담는다

아침이슬 머금은 싱그러운 입술
티없이 오염한 그 자태
은은히 풍기는 야릇한 향기
아! 가슴 저리도록 청초함이여
또 다시 고귀한 생명의 뿌리를 내린다

폭풍전야

바닷가 방파제에서 종이배를 띄우며
인형 놀이에 시간 가는 줄 모르는 아이들
더운 것도 잊고 사랑을 땀방울에 꿰며
고사리 같은 손으로 손수건을 건네 주었다
소설 속 주인공이 되어 소나기를 그렸다
가로수가 춤을 추던 날
갑자기 회오리바람이 일고
하늘에서 북이 울리듯
한 줄기 비바람이 불었다
천둥 번개를 동행한 소나기는 두려움을 몰고 왔다
내일은 폭풍우가 온다는 속보
옥상엔 어느새 한강이 되어 있고
고춧잎은 비 바람에 휘청거린다
방파제엔 파도가 키를 재듯 출렁거리고
종이배는 어디로 갔는지 보이질 않는다
창문이 덜커덩 거리며
위험 신호를 알린다
마음은 불안에 떨고
벽 모퉁이엔 벽지가 탈색되어
서서히 빗물을 빨아 먹고 있다

황혼길

식은땀을 흘리며
우리는 보이지 않는 고지를 향해
술래잡기 하듯 뜀박질을 쳤다
밀리는 고속도로에서 한 걸음 빨리 가고파
주행선 넘어 추월선을 달렸다

어디쯤 왔을까
왔던 길 되돌아 보니
처음 주행선을 달리던 동행차량은 보이지 않고
언제부턴가 꽉 막힌 도로에서
갈증에 목마른 낡은 차량 한 대
추월선 한 가운데서 미련을 핥으며
제자리 걸음만 하고 있다
잠시 운전대를 멈추고 회상 속으로
잡초에 뒤덮인 어머니 무덤가
벌초를 하는 외로운 탕자
어머니 옆에 당신 누울 자리 측정하니
흘러간 세월을 삿대질하듯 억새풀
가을 하늘엔 마구 흐트러진다
우리의 목적지는 50보 100보인 것을
얄팍한 야심을 못이겨
틈없이 끼어드는 푸른 차량들이 초라할 뿐

커브 모퉁이를 도는 순간
새로이 새겨진 빨간 글씨
-공사 중 천천히- 란 팻말이
황금색 황혼에 물들고 있다

장터에서

오늘도 부전시장 난장엔
낡은 카세트테이프 소리와 입 맞추어
서민의 숨소리가 춤을 춘다
사세요 사세요 왕창세일
골라 잡아 오천원 만원
다양한 주방용 상품들 나체 선보이며
길가는 아낙네의 눈길을 충동구매 유혹한다

허름한 아저씨의 끌대에 실린 굵은 대파
초록의 빵빠레를 힘차게 울리며 장터를 행진하고
취나물, 상추, 배추, 무우....
싱싱한 채소의 푸른 잎들이 줄지어 서서
새로운 주인을 만나면
저울의 눈금을 초월한 여유있는 손금 정겹다

비린내 진동하는 어류골목
길모퉁이 구정물에 손 담구어 등 휘어진 할머니
끝 새운 칼날과 시퍼런 눈 마주친 고등어
도마 위에 올려진다
저녁반찬 찌개거리 물으니
지느러미 다듬어 동강내어 나에게 건너준다

기웃거리며 돌아오는 길
장바구니에 든 동강 난 고등어
나의 옆구리 찌르며 속삭인다
당신도 정신 차리시구려
이 시간 그 누구의 도마위에서
모난 곳 캇하여 끝없이 칼질 중이야

다리 끝에서

마지막 한 장 일력이
달려 있는 벽의 공간을 뚫고
또 다시 보신각 종소리가
문턱을 두드립니다
한 해가 교차되는 길목에서
지나온 길 되돌아보니
거친 파도를 타고
울퉁불퉁 헐떡이며 달렸던 세월
그대는
나를 기다려 주지 않은채
아쉬움을 남기고
훌쩍 내 곁을 떠나고 있습니다
어느덧
환송가가 울리는 북적거기는 거리
새길의 첫발을 내딛기 위한 다리 끝에서
군중속 따뜻한 구세군의 자선냄비
얼어 붙은 천지를 메아리 칩니다

어머니

잔주름에 얽힌 근심 웃음으로 삼키며
언젠가 돌아오겠지, 오직 한 믿음
당신의 눈가에 고인 보이지 않는 눈물
이제야 보았습니다
때로 갈 길 몰라 허덕일 때
길 열어 세찬 바람 막아주시고
헛발 딛는 철부지 행동
자식의 모든 잘 잘못
당신의 치마폭으로 덮어주시는
훈훈한 사랑의 열쇠
장미향이 그윽한 파아란 하늘 아래
어디선가 날아 온 산새 한 마리
변함없는 오묘한 모정에 취해
당신 품안에 부둥켜
목 놓아 용서를 청하며 외칩니다
어머니!
비로소 당신 깊은 마음 눈치챘습니다
이 철부지
이세 가을 들녘에 한술기 빛되어
바위 밑 이름 모를 풀꽃 피우렵니다

가을나들이

배낭하나 울러 매고 가을 찾아 떠난다
들뜬 마음 가득 싣고 장단 맞춰 들컹 대는 버스
시간에 쫓긴 여유를 푼다
늠름한 외모 대자연이 숨 쉰다
단풍이 유달리 유세 부리는 내장산
찌들린 생활 접고 절경 즐기는 관광객들
여기 저기 입술 닫지 못한채
와아! 숨통 뚫는 소리
단풍잎 몇 개나 되나
순간 동심이 되어
손가락으로 세어 보기도 한다
개성많은 나무들
최대의 자기 표출 얼마나 고달팠겠는가
모두가 한 산에 뭉쳤으니 더 아름답다
우리 삶도 개성 짙은 한그루 나무다
머지않아 흙속에 묻힐 낙엽 안타까와
걸음걸음 떨어진 싱싱한 잎새 주우며
정담을 카메라에 담는다

꿈

당신은 나의 길잡이
오늘도 여로의 길을 밝히는 등불은
꺼지지 않고 바람에 설레이는데
먹구름떼 쏟아지는 소나기도
곧게 내린 뿌리는 앗아갈 수 없다
멀리서 높이 세운 깃발 펄럭이며
바다로 가고 있다
흰 물결 스러지는 섬바위
거센 물살이 파도를 일으키며
지구를 한바퀴 휘돌고 있다
우리는 한 마음 아래 모인
제각기 다른 모습으로 노를 젓는 작은 돛단배
한 걸음씩 나아가는 외침소리
먼 수평선으로 달려간다
언제쯤 당신의 큰 돛 하늘 닿으면
꿈 영근 내일이 열리리라

3부

막幕 내리는 시간

무관심 속에서도 잘자란 잎사귀
얼어버린 채 길을 잃고
운명 교향곡 속으로 사라져 갔다
짧은 여생 위해 얼마나 몸부림 쳤던가
한 순간 싱싱하게 자란 듯 싶더니
뿌리가 썩어가고 있었다
잎, 뚝뚝 떨어지는
아픔을 머금고 저승 길목 바라보며
시들어 가는 한그루 나무
어느날 그대는
이별의 곡 울리지 않은 채
조용히 막幕 내리는 시간
하얀 들국화 꽃 상여 타고
새로운 강을 건너 갔다
한 줌 흙으로 다시 태어나리라
가슴 한 구석 짙은 얼룩자국
죽음이 새 생명으로 탈바꿈되어
온 마음을 뒤흔들고 있다

역에서

잠든 밤의 가지 사이로
가슴 조이는 침묵이 흐르고
떠남을 간주하는 무거운 발걸음
한 줄기 빛으로 돋아나
서성대는 바람을 잠재운다

인적이 끊이지 않는 대합실
각각 색색으로
과거의 시간들을 걸러내는 목소리들
생의 악기를 연주하고
막차를 기다리는 마음
끈끈한 손바닥을 적시고
희미한 유리잔 속에 남는 아쉬움
어둠의 깊이를 잰다

살을 찢고 숨을 죽이는
교차의 맥박
천지를 울리는 역의 오케스트라
아침을 향해 다리는 기차의 머리위엔
얼룩진 깃발만 펄럭인다

목각인형속의 그녀

조명불 밝힌 지하상가
진열된 목각인형속
어깨 춤 추며 그녀가 웃고 있다

교단에서 ㄱ ㄴ ㄷ 푸른 풀을 키우던
소박한 그녀 가슴에
암세포 엉킨채 번져 온 몸 휘감으면
홀로 외로이 투쟁하며
안개 낀 저편 언덕을 노래한다
진통의 종소리 울릴 때마다
연약하고 야위어가는 변태된 모습
골절된 나무인형 같다
뿌드득 뿌드득 뼈가 부서지는 소리 들으며
접혀진 쓴 추억이 밀물처럼 밀려오면
끝없이 응얼거린다
하염없는 눈물의 강을 건너며

음향조절 소리에
갑자기 인형이 진통을 겪듯 멈짓거린다
(그녀는 지금 어떻게 하고 있을까?)

어느 소형차의 일기

세상사람들 나를 볼품없는 막내로 여겨도
주인만은 미더워 합니다
그 마음 보답하려고 어디를 가든
짧은 발통을 힘껏 굴립니다

보슬비가 내리던 어느 날
주행중 도로 끝에 잠시 졸고 있는데
경적 울리며 경찰이 오더니
교통질서 위반이라며 무작정 견인 해 갔다
한마디 변명도 못하고
길가던 다른 차량들
깔깔 웃으며 소곤거리고
도로의 노란 중앙선
측은히 나를 바라봅니다
화끈거리는 얼굴
기나긴 도로의 비판을 받으며 (악몽)
거기는 미아보호소
수 많은 친구들이 주인을 기다리다 지쳐
울다 잠들어 있다

내가 질서를 안 지킨 것이 아닌데....
억울해 몇 시간 울고 있을 때

허급지급 달려온 주인 아저씨
소리높여 이럴 수가 너무합니다
이길 수 없는 분노 소나기가 내린다

돌아오는 길 깜박깜박 빨간 불
아저씨 제발 교통질서 좀 지키세요
교통안전 모범생이 되고 싶어요

놀이공원

풀내음 피어나는 놀이공원
편안하고 아득한 길보다
울퉁불퉁 공포의 미로여행을 즐기는
요즘 사람들
삐죽삐죽 모과같은 마음들
이 시간만은 아이가 되어
숲 속의 해적선 바이킹을 탄다
외눈박이 선장과 원시여인을 끼고
빙글빙글 돌아가는 우주속에
나를 버린다
비명같은 환호소리
숲속을 헤치면
바람결에 나타난 피터팬
욕망이 누적된 스트레스 흰 파도 위에
눈을 꼭 감는다
펑
모과에 구멍이 뚫린다

난 몰라예

골목마다 밀려오는 온통 멍에의 아우성
어쩌면 좋노, 난 몰라예
어둠의 합창 교향곡을 연주한다
옆집 고추장사 아줌마
밤낮 모질게 고추와 씨름하는 하루하루
골 깊은 주름살 끈질긴 생명력
불끈 두주먹 쥐고 간신히 큰 공사 맡았다

어느 날 갑자기 앞자리의 행방불명
순간 와르륵 무너진 부실공사 계 소식
치솟는 신경통에 쉰 머리카락 한 움큼 빠진다
안절부절 눈동자 고개 숙이며
뭘 믿고, 내가 미쳤지
바람결에 넋 잃고 중얼거린다
그 누구네 꼼꼼하던 살림살이
한 입에 툭 털어 묵고 웃음 잃어버렸다

엎친데 덮친 칠흑의 그림자
침묵으로 타는 가슴 달랜다
헛걸음에 지친 빨간 할부 영수증
난 몰라예 주인 등 돌리면
애꿎게 보증인 찾아 독촉한다
달갑지 않는 종이 한 장의 불청객
소름끼치는 IMF 한파

몽당연필

나무 책상 한 가운데서
또르르 구르는
몽당연필의 외침소리
뒤 꽁무니 펜대에 의지해
혈색좋게 투병을 한다
내 한 몸 깎기고 몽그라져도
나를 찾는 님의 손길
언제나 웃으며 맞이한다
공약의 깃발 펄럭이며
재활용으로 옷을 입는다
새것만 찾는 이 세상
유행의 통증을 일으키며
짜리 몽당 절약의 굳은 심지
아지랑이 마음에 심으며
변함없는 완고한 충성으로
오늘도 초원의 백지위로
뚜벅뚜벅 흔들림없이 걸어간다

여객선

빈 하늘 움켜쥐는 어두움
짠내음 그윽한 향수를 풍기고
하이얀 상처가 헐떡이는 방파제
회오리바람은
이끼 낀 가슴을 스친다

까만 바다위
돛대의 그림자 사이로
어스름히 비치는 초승달
고즈넉이 잠든 별들은 눈을 비빈다

뼈를 깎는 물살이
여객선의 항로를 밝힐 때
낡아버린 부둣가엔
향연의 불꽃이 소용돌이 친다

끝없이 흐르는 배의 가락
헝클어진 별빛속을 뒹굴던
꿈을 먹은 여객선은
줄타는 광대
바람에 출렁이는 파도를 탄다

에버랜드

따뜻한 햇살 내리쬐는 6월
오순도순 가족 나들이를 간다
에버랜드 장미 축제
색색이 꽃밭 가득
장미 족보를 펼치고 담벼락 넝쿨로 휘감긴
향기 짙은 붉은 입술과 눈 맞출때
그만 넋을 잃고 걸음을 멈춘다

즐거운 웃음소리
광대의 안내로
행렬하는 황홀한 거리엔
설레며 노를 젓는
동유럽 무용수들의 퍼레이드 공연
동화속 일곱 난쟁이가 지나가고
백설공주가 독에 취해
왕자를 기다리며 잠자고 있다
행렬을 뒤따라가는 꼬마아이들
제각기 동화속 왕자가 된다

에버랜드 장미축제
아이들의 싱싱한 푸른 꿈이 자란다

바느질 I

시침핀으로 쳐진 철조망
골무의 언덕을 넘어간다
때묻지 않은 벌판위
청실과 홍실의 기사
경마 경기를 한다

말의 고비를 세우는 감친실
채찍질하여 정신없이 뛰는 홈질
한발씩 쉬지 않고 가는 박음질
한 발자국 한 발자국
새겨지는 기사의 메시지

우렁찬 기사의 채찍을 받으며
한번쯤 발을 잘못 내딛는 실수도
허허 벌판의 조화를 이룬다

여인의 손끝에서
바늘의 고농소리 듣는다

바느질 Ⅱ

흰 거품을 토해 낸 늪
늪 속을 헤매는 지친 몸부림
혈액순환이 마비된 새하얀 얼굴은
풀먹인 홑창
까슬까슬 뻣뻣한 홑창
부드러운 솜뭉치로 감쌀 때
손 끝에 피어나는 정성으로
하이얀 목화꽃을 피웠다
목화밭의 연정은 따뜻한 이불밑
실의 가느다란 심줄
바늘의 기사도
촘촘히 쉬지 않고 엮어가는
바늘의 릴레이

여행길

보면 볼수록 정겨운 여행길
하늘이 높푸른 어느 봄 날
기차는 오늘도 한치 어김도 없이
내일을 향해 달린다

찬바람에 흔들리며
엊그제 황갈색으로
풀뿌리만 남아 잡초처럼 뒤엉킨
겨울산은 어느새
새 옷으로 갈아입고
온통 풀밭 가득 연두빛 향기를 풍길 때
기찻길 철망엔 빨간 장미가 수를 놓고
여행객과 싱그럽게 눈맞춤한다

고요히 창밖을 보고 있노라면
항상 바쁘게 아옹다옹 살던 마음
푸르름에 도취해 그만 넋을 잃고
잊고 있던 꿈을 회상한다

창밖엔 기적을 울리며
메마른 내 가슴에 촉촉이 물을 주듯
언제부턴가 소리없는 보슬비가 내린다

뜨개질

찬바람이 옷깃을 여미는 날
뜨개질을 하는 여인
잠시 회고의 시간
갈색 구슬 가방을 뜬다
어둔 시력 정성을 다해
한 올 한 올 구슬에 꿰어
한 땀씩 촘촘히 엮어 본다
밤하늘에 별을 세듯
깜박깜박 만남으로 매듭짓고
수없는 관문을 넘을 때마다
오묘히 숨겨진 매듭의 조화
윗부분 잔주름으로 장식한 구슬 가방
밤낮 실과 바늘과의 바쁜 호흡이 멈춘 순간
손녀 딸 웃음 지으며
야! 백화점에서 본 가방보다 더 예쁘다

오늘 이시간
할머니 인생이 백화점에 걸려 있다

당신

당신은
나의 작은 뜨락 지키는 파수꾼
수심에 찬 잿빛 구름 걷으며
메마른 영혼에 동심초 심어 놓고
촉촉이 단비 내리네

하루에도 몇 번씩 갈대처럼 흔들리며
저울질하고 살아가는 변덕스런 마음
단순한 어린이 되라 심금 울리며
약삭빠른 행동 무디게
한올 한올 햇빛으로 감싸네

빛으로 때로는 비로 언제나 포용하니
동심초 파릇파릇 잎새 돋고
어둔 밤 하늘에 뿌리 내리면
이 모든 것 그대 손에 맡깁니다
당신은 해결사
나의 앞길 등불 비추네

만추

가을의 휘파람 소리
황금색으로 변해버린 고목의
연륜 끝에 고인 눈물도
낙엽이 연주하는 소음의 리듬속으로
아늑히 사라져버린
보이지 않는 빈 공간
앙칼진 어둠의 소리가
앙상한 그대 목덜미를
또 한 번 후려친다

겨울이 몰려오는 산등성
곱게 차린 새 색시의 볼에 피어나는 부끄럼같이
소리없이 단장한 코스모스는
녹색의 파수꾼
동강난 야심을 붙들고
흐느끼는 가냘픔이여!

바람이 쓸고간 거리엔
밤을 기다린 포장마차
푸르름을 잃은 단골손님만
쓸쓸히 쓸쓸히
쓴 소주에 취해

온 밤새
캄캄한 골목길을 휘청거리고 있다

어디선가 텅빈 가슴을 울리는
가을의 휘파람 소리

4부

촛불 앞에서 I

만상의 어둠을 밝히기 위해
피눈물 흘리며 한 목숨 바치신 예수님
영원히 꺼지지 않는
사랑의 촛불 앞에서
이 미천한 몸 무릎을 꿇습니다

당신의 십자가를 존경하면서도
맞이하라면 천리를 날아나 버리는 마음
하지만 구원의 촛불 앞에서
비로소
소리 없는 사랑을 배웠습니다

여태껏 수렁에 빠져 허덕이던 영혼
묵묵히 형상 없는 성령으로 건져주신
주님의 은총 더 할길 없어
여기 때 묻은 작은 손 합장하여
당신을 신뢰합니다

촛불 앞에서 Ⅱ

소리없이 눈물 흘리며
네 한몸 깎이고 삭힐수록
더 밝게 빛나며
어두운 세상을 밝히는
촛불 앞에서
이 시간도 무엇이 못마땅한가
투덜대며 투정부리다
조용히 고개 숙입니다

오늘도 무작정 달려온 길을
되돌아 봅니다
내가 걸어온 길은 어느새
흙투성이가 되어 길이 보이지 않습니다
옆에서 안쓰럽게 나를 바라보고 계신
성모 어머님을 그리며
이 밤도 기도합니다

어머니
하나는 알고 둘은 모르는
미련한 저를 불쌍히 여기시어
저의 앞길에 등불 밝혀 주소서
저는 당신만 믿고 의지합니다
위험에서 저를 지켜 주시옵소서

자아 찾기

함박눈이 소리 없이 내리는 밤
멀리서 종소리 울리고
성령의 빛으로 세상은 온통 하얗다
십자가 아래 묵주 알 구리며
간절히 기도하는 사마리아 여인
찌들린 때 벗기듯
가슴에 그늘 진 업보를 다스린다
삐걱거리던 자존심
빙판 녹듯 눈물이 고인다
부옇게 안개 낀 들보의 위선들
형제의 한 점 티끌이 노여워
아우성치다 그만 주저앉는다
망각한 자아를 용서하소서
찌꺼기로 얽힌 마음 비우며
당신을 의지합니다
어둠의 긴 터널을 지나
새로이 약속의 땅을 떠난다
양심에 움추린 가슴을 펴고

병원에서

세상이 온통
푸른 풀잎으로 단장한
6월의 세브란스 병원 앞마당
분주히 움직이는 고객의 발걸음은
목마른 가슴을 하소연하고 있다

백의의 천사가 인도한
수술실 앞에서
간절한 마음으로
초조히 기다리고 있는 여인
욕심에 안개낀 마음을 되돌아 보며
자신을 비운다

주여!
저는 가진 것이 아무것도 없습니다
죽이든 살리든 당신 뜻대로 하십시오
저는 당신만 믿습니다
당신 뜻에 따르겠습니다
하지만 저를 불쌍히 여기시어
꼭 치유하여 주십시오
이 순간 오직 한 믿음
그 동안 부푼 꿈 헛된 욕심 모든 것 버리고
수술대에 오른다

회고록

책장 모서리에 꽂혀진 낡은 노트 한권
무심코 펼치어 본다
깨알만큼 작게 눌러선 필체
언제 어디서 누가 어떻게 육하원칙에 맞추어
사건 사고 흉 행사가 낱낱이 그려져 있다
내 가슴속에 새겨진 기록은
바람에 흔들리는 겨울 나무처럼
잎사귀는 모두 떨어져
앙상히 가지만 남아 있건만
탈색된 노트속엔
그때 그 순간이 정확히 사진을 보는 듯 그림자 질 때
잊혀져간 추억이 아스란히 떠오른다
조용히 입가에 소리없는 미소를 지었다가
쓴 웃음을 띄우기도 한다
어느새 내 마음에 잃어버린 보물을 찾은듯
서서히 그 시절에 동화되어 간다
시간 가는 줄 모르고 말없는 읽다가
지난 날을 회상하며 혼자 중얼거린다
무엇이 바빠 뜀박질치며 왔을까
남은 것은 아무것도 없는데
이시간 허무에 젖어 한숨지으며
오늘도 삶의 긴 여정에
또다시 한 줄 지워지지 않는 발자국을 남긴다

성령기도회

매주 목요일은 본당 성령기도회
참석할려고 몸을 단장하면
어디서 예약없던 연락이 오고
자꾸 나의 발길을 유혹한다
그래도 안돼
발길을 뿌리치며
주님의 집으로 향한다

모든 근심 걱정 벗어 버리고
이 순간만은 순박한 어린아이가 되어
음악에 맞추어 노래도 부르고
주님 앞에서 율동도 한다
그러면 꽉 막힌 숨이 트이는 것 같다

주님과 단 둘이 대화하며
나의 마음을 틀어 놓는다
주님! 한 말씀만 하소서 당신 종이 듣고 있나이다
심령으로 기도하면
나를 믿어라. 내가 너희를 지켜 주리라
당신의 음성이 들린다
주님 감사합니다

돌아오는 길
성령을 가득 받아
마음이 뛸듯이 가볍고 즐겁다
가슴 밑바닥
보이지 않는 질투와 미움의 찌꺼기들이
깨끗이 청소된다

기도 I

바람결에 실려오는
머언 성당의 종소리 들으며
이 시간
욕심의 녹슨 질그릇을 비워봅니다

오늘도
땀으로 엮은 공을 굴리며
용서도 실수도 허용되지 않는 서커스단
어릿광대가 되어
음악에 발맞추어 사랑에 줄을 탑니다

야망의 높은 고지를 향해서는
형제도 자매도 짓누르는
지구촌의 가난뱅이를 위해
캄캄한 밤하늘에 띄우는 독백
주여! 사랑을 주옵소서
자비를 주옵소서

부르면 부를수록 샘솟는 평화
비로소 흙탕물이 씻기고
질그릇엔
어느듯 월광 소나타가 흐른다

기도 Ⅱ

어느 날 우연히
이웃의 불행한 소식을 접하여
마음은 숙연해지고
같이 아파 할 수 없는 타는 가슴
위로의 말밖에 할 수 없으며
방문을 해도 아픈 마음 대신 할 수 없다
나는 문득 창밖을 보며 깨달았다
온 식구들이 사고없이 건강하게 생활하고 있음에 감사드리며
오늘 불행한 이웃을 바라보며
주님의 사랑을 다시 한번 느낀다

주님! 당신이 저희를 지켜 주심을 믿습니다
그러나 나는 진정 감사 기도는 하지 못했습니다
오늘 불우한 이웃의 아픔을 봄으로
그동안 저의 아픔은 아픔이 아니고
행복에 겨운 작은 몸부림에 불과하였다고 고백합니다
저는 항상 부족한 것 같아 자신을 질책합니다
저에게 평화 주심에 감사할 뿐입니다
우리 이웃이 하루빨리 회복되길 간절히 기도드립니다
찬미 영광 받으소서!

비와 회개

차창에 맺힌 안개비는
닦아도 닦아도
돌아서면 맺혀지는
어느 뉘의 참회인가?

빈곤의 쇠사슬에 묶여
받으려고만 했지 줄 줄은 몰랐던
배고픈 어린양의 근성
텅빈 그릇의 속쓰림
한 알 밀알의 진통제를 머금은 체
그 옛날 가슴 속 깊이
마비된 사랑이 저려온다

모래알 만큼 수없이 두드린
손때 묻은 좁은 문을 누군가
또 다시
애타게 두드리고 있다

저물어 가는 요르단강 저 편
아련히 들려오는 사랑의 숨결
오직 나만을 감싸던
이끼 낀 욕망이 벗어지고

가슴 밑바닥
베풂에 있어 구겨진 마음을
다림질하는 십자가의 핏 망울

차창에 맺힌 안개비는
닦아도 닦아도
돌아서면 맺혀지는
어느 뉘의 참회인가?

희뿌연 먼지로 덮힌 메마른 황야엔
주르르 주르르
소리없이 흘러내리는 봄의 소야곡
살포시 고개를 드는
야생화의 새 생명

운명 앞에서

이승과 저승을 사이에 두고
항상 아픔을 껴 안으며
목마름을 호소하던 그 사람
오늘 아침까지만 해도
웃음 머금으며 인사 했건만
목마른 사슴 물 찾아 간 길
돌아 올 땐 하얗게 포장되어
얼굴 보이질 않네

무엇이 바빠 그렇게 서둘러 갔을까?
꼭 예약이나 해 두었던 것처럼
한마디 유언도 남기지 않은 채
태연히 돌아서 앉았네
짧은 세상 티없이 살라고
내 가슴에 징을 울린다
허망으로 가득 찬 조용한 분향소엔
소리없는 향불만 타오를뿐
슬픔의 곡도 없네

세상에 태어나서 꼭 가야 할 길인데
우리는 영원히 살 것 같은 착각을 한다
나의 모든 것 다 버리고

마지막을 웃음으로 맞이할 수 있도록
이제부터 죽음 연습을 해야겠다
이 세상은 욕심쟁이
가지면 가질수록 아쉬움만 남는다

일기장

오늘을 달린다
떠나가는 시간속으로
얼굴에 흐르는 땀방울
내일의 모자이크
바람에 실려오는 향수
태양을 삼켜버린 칠흙속으로
멀어져 가는 오늘
또 한 장 백지를 메운다

화가의 받침대
피카소를 그린다
눈동자 속에 번지는 번뇌
눈가에 찍히는 점
관람객은 오직 한명
하지만
영원한 나의 오른손이 되리라

낮에 입은 고운 옷
펜으로 허물을 벗긴다
끝없이 끝없이
커지고 싶던 욕망
시간이 앗아간 그늘엔
큰 뿌리를 내리고
떨리는 손으로
물을 주고 있다

마더데레사

시끄럽게 붐벼야 할 극장 안
다들 침울하고 조용하다
마더데레사 수녀님을 회상하며
우리는 주님 손에 쥐어진 몽당연필입니다
이것을 쓰실 분은 주님이십니다
쓰시든 안쓰시든 그 권한은
오직 주님뿐입니다
하지만 우리는 가끔 내가 연필의 주인이 되어
마구 줄을 그으며 그림을 그립니다
그러다가 뜻대로 되지 않는다고
온갖 투정을 부립니다
이제 나의 모든 것을 당신께 맡깁니다
우리는 당신의 도구에 불과합니다
당신 뜻에 따를 뿐입니다
비합리적이며 자기중심적인 요즘세상
가난하고 헐벗은 이웃에게 베푸는 자비
사랑을 행동으로 보여 주신 마더데레사
한방울의 사랑이 되고 싶다던 그녀
한 방울의 사랑이 없으며
먼 훗날 이 세상에는 영영 사랑이 사라지고 말테니까요
마지막으로 남긴 당신의 말씀이
이기적이며 무덤덤한 나의 마음에
지워지지 않는 사랑의 하트를 그린다

산보

오늘도 산에 오른다
겨우내 비바람 맞으며 흔들리던
앙상한 나무 가지 끝에도
잡초처럼 짓밟혀 풀뿌리만 남은 들판위에도
파릇파릇 이름모를 새순이 돋아나는 산기슭

우리 집 뒷동산
엊그제 벚나무에 꽃잎이 맺히더니
하얗게 만발하여 “나를 보러 와요” 하며
한들거리며 인사를 하고
진달래가 환하게 웃으며
꽃분홍 미소를 띠고 있다

화려한 봄 기운에 젖어
옛추억에 잠기노라면
꽃잎 따서 책갈피에 꽂아 두던
학창시절이 생각 난다
조용히 잃어버린 여유를 즐기며
꽃잎 몇 개 따 들고 내려오는 길

어디선가 봄 소풍을 온 꼬마 아이들
짝지어 손잡고

두줄로 나란히 행진하며
참새떼처럼 지저귀고 있다
즐거워 하는 어린이들이 마냥 귀엽다
지금은 작은 새싹이지만 씩씩하게 푸르게 자라거라
혼사 마음속으로 기원한다

감사

눈 먼 소경으로 하여금
놀라운 일을 드러내듯
당신은 항상
볼품없고 부족한 이들로 하여금
당신의 능력을 드러내셨습니다

오늘도 만족하지 못하고
투덜대던 자아가 조용히 고개 숙입니다
볼품없는 저가 당신의 큰 뜻을 드러내기 위한
작은 도구가 됨을 감사드립니다
언젠가 당신의 능력을
세상에 선 보일 때가 올 것을 믿습니다

평소에 감사함에 인색했던 저 자신을 되돌아 봅니다
그저 눈앞에 보이는 것에 급급하여
내일을 보지 못하는 미련한 저를 불쌍히 여기시어
자비를 베푸소서
어떤 처지에서든 감사 할 줄 알도록 새 힘을 주소서

기도실에서

이 곳을 찾을 때면
우리 삶에서 건강이 제일이라는 것을
또 다시 재 확인한다

20층까지 높은 병원의 병실은 빈틈없이
항상 만원이다
수술날을 잡아 놓은 불안은 마음기댈 곳 없어
주춤거리다 우연히 8층 기도실을 발견하곤
기도실로 발길을 옮겼다
거기에는 낮은 소리의 성가가 흘렀고
성경책이 놓여 있었다
주님의 훈화를 조용히 되새기다
꽉 닫힌 마음의 문이 열리고
거듭거듭 걸쳐 입은 옷이 하나씩 벗겨졌다
화려한 장식품에 싸인 속은
상처나고 찌들린 빈 몸둥아리 뿐이었다
이 시간 주님께 기도 드린다
주님! 이 위신자를 불쌍히 여기소서
저는 당신만 믿고 의지하오니 꼭 구원하여 주소서
그리하여 당신이 살아계심을 만인에게 증거할 기회를 주소서
삶의 등불되셔서 앞길 밝혀 주소서
소리없는 애절한 기도가 온 땅을 진동시킨다

5부

어느 시한부

이곳은 인간 고물상
활동을 하다 고장이 나면
이곳으로 모여든다
삼백육십오일 발길이 떠날 때가 없다
만원 버스 안인 듯 항상 북적 거린다

깨지고 찌그러지고 모난 곳
바쁜 생할 중 정상이 아니면
하지만 고쳐 올바르게 되면 좋으련만
그러지 못할 때도 있다
슬픔과 기쁨이 융화되어 파도 친다

어느 젊은 여인 시한부
자궁암 말기 선고를 받고
몸에 손 한번 못되고
이 세상과 이별할 날만 바라보다
집으로 되돌아 가는 모습이
측은하고 안쓰럽다

생을 애처롭게 마무리하는 구슬픈 노래를 들으며
우리의 마지막은 모두 마찬가지다
그 여인이 나 보다 한 발앞 빨리 갈 뿐이다
오늘도 안식처의 귀로에 서서
혼자 중얼거리며 자신을 위로한다

봄날 벚꽃 잎을 보며

앙상히 뼈만 남아 있던 산허리에는
울긋이 새옷으로 갈아입고
어느덧 만발한 꽃들이 장관을 이룬다
이 순간을 위하여
추위에 시달리며 얼마나 애달팠느냐?

상쾌한 봄날
떨어지는 벚꽃잎을 보며
벚꽃잎은 자기 몸이 짓밟혀 시든 순간 까지
우리에게 아름다움을 선물한다
잎 떨어진 자리엔 어느새 새순이 돋아있다
소리없이 양보의 미덕을 배운다
문덕 성서 말씀이 떠오른다
한알 밀알이 땅에 떨어져 죽지 않으면
열매를 맺을 수 없다
하지만 우리는
남보다 먼저 하기 좋아하고
죽기 싫어하는 것이 인간의 본능이다
조용히 그동안 나의 행동들을 되돌아 본다
아침에 피었다 저녁에 지고 마는
짧은 생명력에도 감사하며 하루하루 최선을 다하여
욕심없이 무소유로 살아가는 한 송이 꽃이고 싶다

반 모임

전포동 산동네 작은 집에서
한달에 한번 반모임을 한다
몇 사람 안되는 인원이지만 한 마음이 되어
옹기종기 모여 앉아 즐거운 마음으로 인사 나누고
서로 안부와 위로를 주고 받으며
그동안 쌓였던 피곤한 몸과 마음을 푼다
복음을 마음에 새기며
내 생활에서 체험한 주님말씀을 떠 올리며
삶의 넋두리 털어 놓는다
그러면 얼음판처럼 차가운 마음 심지에 불이 붙는다
어느듯 사랑의 훈기가 돈다
마지막엔 한잔 차와 다과회를 즐기고
다음 달을 예약하며
기쁜 일이면 서로 기뻐 해 주고
슬픈 일이면 내 일처럼 슬퍼하며
서로 위로를 주고 받으며 작은 울타리 안에
우리는 주님 안에 한 형제 자매
어려울 때나 즐거울 때나 변치말고 함께 하자며
주님을 향해 나아간다

묵주 기도

가로수 길가에는
온통 벚꽃이 휘날립니다
오늘도 한 잔의 커피를 마시고
마음 가다듬으며
촛불 앞에서
묵주알을 굴리며 기도 드립니다

나는 위험한 길을 가거나
밤 길을 홀로 갈때면
항상 손에 묵주를 쥐고 다닌다
묵주는 나의 유일한 무기다
묵주를 몸에 품고 있으면
어머니와 함께 있으므로
의지가 되고 마음 든든하다

오래 전 나는 뇌수술을 하였다
그날은 영원히 잊을 수 없다
그 옛날 수술실 앞에서
묵주를 그 얼마나 애달피 굴리며
간절히 기도했던가?
성모님께서 나를 지켜 주신 것이다

현세에서도 우리는 다급하면 어머니는 찾는다
주님께서는 간절히 기도하면
다 들어 주신다는 것을 한번 더 느낀다
감사합니다 찬미 영광 받으소서

버스 안 글 읽으며

어느 날
시외버스를 타고 길을 가다
문득 벽에 붙은 글을 읽는다
하루살이와 파리가 즐겁게 놀다
해가 져서
파리가 아쉽게 작별 인사를 했다
우리 내일 또 만나자
하루살이가 눈을 휘둥거리며
내일이 무슨 말이야 난 처음 듣는 말이야

또 개구리와 파리가 함께 있다가
개구리가 겨울잠을 자려 땅속으로 가며
우리 내년에 또 만나자
파리가 머리를 가우뚱거리며
내년이 무슨 말이야 난 처음 듣는 말이야

세상의 모든 동물에게는
그에게 맞는 일생이 있는 거야
그래서 하느님께서 천국을 예비해 놓으셨다는
글귀를 읽으며 쓴 웃음을 지을때
버스가 찍 소리를 내며
어느덧 종점에 다다랐다

1시간 뒤를 모르면서 스스로 지혜롭다고
살아가는 인간을 생각하며
한 순간 순간 나에게 맡겨진 일에 대해
겸손하게 최선을 다해야겠다고 다짐 해 본다

선풍기

7월 말
소박한 선풍기 바람에 열기를 식히며
잠시 공상에 잠긴다
선풍기는 한여름 찌는 더위 속에서
장소나 주야를 가리지 않고
여름철 어딜 가나 매력 만점
이시간도 빙빙 돌며 땀 흘리고 있다

키 크고 바람센 에어컨도 있지만
누구나 손쉽게 접할 수 있는 선풍기
그대는 키 작은 장돌뱅이
때론 밤새 과열로 사고가 나는 경우가 있지만
항상 전기 조심을 외치며
여름 생활에 없어서는 안될 친구

오늘도 외출 후 선풍기 스위치를 켜면
빙글 빙글 쉼 없이 돌아가는 세상
필요 없는 근심 걱정
모든 것을 훌훌 털고 살자며
선풍기는 막힘없이 돌아간다

어떤 인연

주룩주룩 소리 없이
창밖에 비가 내린다
나에게는 고마운 사람이 있다
처음 성당에서 우연히 만났지만
그것은 하느님이 맺어주신 인연이다

그녀는 세상적인 눈으로 보면
가진 것 없고 볼품없지만
그녀의 마음속에는
반짝 반짝 빛나는 보석과 같은
하느님 말씀과 사랑으로 가득하다

항상 없는 이에게 다정하게 다가가
격려해 주고 자신감을 준다
늘 자신의 시련을 반대로 감사하라고 한다
보석이 어두운 곳에서 빛을 발사하듯
그녀는 초라하고 버림받는 이를 더 찾아가
하느님 말씀을 전하고자 한다

오늘같이 비가 오는 날이면 더욱 생각난다
그녀는 지금 무엇을 하고 있을까?

받아들여라

미사 강론중 새삼 깨달았다
마태오 11-30
정녕 내 멍에는 편하고 내 짐은 가볍다
신부님께서 말씀하셨다
멍에를 치유해 달라고 기도하지 말라
받아 들여라
그러면 가벼우리라
순간 꼭 나를 보고 하시는 말씀 같았다
나는 오래 전 뇌를 다쳐
간질 병을 앓게 되었다
그 동안 내 아픔을 치유해 달라고
얼마나 기도했던가?
주님은 간절히 매달리면 고쳐 주신다
그러나 나는 간절하지는 않았다
여태껏 나는 내 짐이 너무 무겁다고
투덜거리며 저울질했습니다
미련스럽게 받아드리기가
왜 그리 힘이 들던가요
이 시간 비로소 깨달았습니다
이제 마음에 참 평화를 얻었습니다
감사합니다. 찬미 영광받으소서

강론을 들으며

찬바람이 분다
겨울이 오는 길목에서
바람에 떨어진 나뭇잎만
거리를 휘젓고 있다

오늘 미사를 보았다
신부님께서 강론 때 하시는 말씀
성채를 모시고 난 뒤
조용히 잠시 묵상하며
예수님과 대화하여라
이때는 하늘나라와 직통 통화시간이다
자기의 마음을 이야기하여라
기도할 때는 어린이처럼 사심 없이 하여라
주님께서 다 들어 주시리라
오늘 이 시간 새로이 느꼈다
나는 그동안 영성채 후 딴 짓을 하며
무관심하게 흘려보낸 시간이었다면
이제부터 예수님과 대화하리라 다짐하였다

3월

3月 어느 날
소리 없이 보슬비가 내리더니
바람이 봄을 싣고 왔다
아무도 없는 길모퉁이에는
한줄기 민들레가 피었다
바람 부는 데로 나부끼다가
혼자만의 목소리로 봄을 노래한다
누구에게도 구애받지 않고 혼자 자유를 즐기고 있다

문뜩 안타까운 생각이 든다
꽃밭에 피어서
다른 꽃이랑 조화를 이루었으면
더욱 아름다웠을걸
혼자 동떨어져 있으니
더 빛이 안 나고 빨리 시들고 만다
우리는 혼자 살 수 없는 법
하늘을 보며 이루겠다던 다짐
물거품 속에 사라지는 우리 삶도 마찬가지다
서로 의지하고 뭉쳐야 힘이 난다
하늘에서 뭉게구름이 떠 간다

꽃 전시회에서

여름 어느 날
황홀한 조명 밝힌 지하 강당
꽃 전시회가 열렸다
다양한 색상으로 무늬 꾸민 팜플렛
생산지 소속 꽃말등 약력 화려하다
윗부분 노오란색 소속없이 빈 칸 하나

녹음을 불태운 연륜에 싸인 꽃잎
다들 맘껏 특유의 자태 뽐내고 있다
순결의 백합 장미 튤립……
수줍은 듯 안개꽃 은은한 향기
온실의 햇살 받으며 자란 풍성한 꽃
맨끝자리 진열된 소박한 야생화
크고 작은 향 어우러져 조화 이루는데

갸우뚱 관람객의 선입견
야생화 바라보는 시선이 차갑다
소리없는 푸대접의 전율 느끼며
별반의 흙내음 그리고 울컥 진을 품고 외친다
얕보지 마세요 호박꽃도 꽃이랍니다
순수한 신토불이예요

피정

오늘은 평창 성 필립보 생태 마을로
1박 2일 피정을 갔다
어제는 억수같이 비가 쏟아지더니
맑게 갠 높푸른 하늘엔
흰구름이 둥둥 떠내려간다
나는 마을을 둘러보다가
길어귀에 장식돼 있는 그네에 앉아
조용히 명상에 잠겼다

그때 어디선가 은은하게 들리는 소리
'무거운 짐진자 다 나에게 오라. 내가 쉬게 하리라' 는
주님의 소리가 들린다
 인생은 빈손으로 왔다가 빈손으로 가는 몸
하지만 우리는 시간에 쫓기며
끝없이 무엇인가 갈구하고 있다
남는 것은 아무것도 없는데

황창현 신부님의 강의를 들었다
돈 버는 법보다 쓰는 법을 배워라
여행은 가슴이 떨릴 때 가야지
다리가 떨릴 때는 가지마라
삶의 기간보다 질이 중요하다

욕심을 버려라
자기 자신을 위해서 1달러 기분 좋게 쓰라
내 몸 내가 위해라
행복하려면 여행을 떠나라
이 시간 나는 돈은 기분좋게 쓰면서 욕심은 버리자고
다짐하였다

旅程의 끝

세상 구경하는 날은 차례가 있어도
떠나는 날은 맘대로라고 누가 말했든가
항상 의기양양 개성 강하여
소리가 유난히 컸던 그녀
어느 날 갑자기 아무도 없는 낭떠러지에서
지친 목소리로 목마른 가슴을
호소하고 있었다
높낮이 타고난 성격대로 행동하는 것이
가장 자연스러움을 깨닫는 순간
영안실 희부연 향 연기속으로 타 올랐다
잇따라 들리는 황당한 음성
꽃이 피기도 전 봉우리 떨어졌다는 안타까움
원인 모르게 눈 감은 머리 밑엔
덩그러니 빈 술병만 밤새 그를 지키고 있었다
지름길 눈 앞에 두고 옆길 택하여
삼천포로 빠지던 말썽쟁이
부모 가슴 난도질하여 도랑으로 헤어파더니
끝내 이 가슴에 묻히는구나, 어머니의 하소연
길고 짧은 연극의 끝장면은 가지각색
어이없는 침묵만 흐른다

그날을 준비하며 걸어 간 발걸음은
얼마나 가볍고 평화로울까
그 날고 그 시간은 아무도 모른다는 진리
맴맴 귀전을 맴돈다

성지순례

물안개 자욱히 그려진 하늘
누구의 눈물자국인가?
황폐된 땅 일구듯 촉촉이 가랑비 내리던
9월 어느 날
진주 찾아 나선 가을 나그네
도시 고속도로를 달립니다
푸르름이 지친 벼이삭 오만의 훈장 달고
누렇게 고개 숙입니다

살티 깊은 산골짝
찢어지듯 멍든 가슴 말씀으로 포장되어
영원한 생명 얻어 조용히 잠들었습니다
당신의 찬양소리
메아리 되어 하늘 끝 다달았고
한알 밀알이 썩어 열매 맺어
여기 온누리 좁은 문 지름길 알립니다

세욕으로 끊임없이 칼부림하는 어리석은 용사
어지러운 세상 길을 잃고 침묵
갑자기 뒤통수 때리는 소리
손에 쥔 보석도 모르는 눈 먼 이여
어찌 그 보석의 가치를 알리요

순간 쭉정이만 남은 허허 벌판에
새로이 믿음의 씨를 뿌립니다
순교자의 피맺힌 넋을 기리면서
(살티 성지순례)

어느 소녀의 기다림

소리없는 보슬비가 창가를 흘러 내리면
또 한 번 외쳐 봅니다
그대여!
당신이 소녀의 가슴을 두드릴 그 날은
언제 쯤 입니까?
무슨 소식을 메고 오시기에
이렇게 더디십니까?

그 옛날 당신이 던진 돌팔매질에
목말라 하다
어느날 무심코 뿌린 한 알 밀씨의 열매가
무척이나 그리워지면
소녀는 살포시 소식통으로 눈길을 돌린답니다

오가는 길모퉁이
축 늘어진 소식통의 한가함은
메마른 가슴을 더욱 초조케 하고
바람의 헛기침 소리에도
"님의 목소리인가" 착각의 진통을
아시는지요

똑딱똑딱
시간은 거침없이 흐르건만
송이 송이 박아 보낸 정성도 모른채
기다림에 곤두 선 여린 마음을
한 줄기 빗물로 꺾어 버리시는 야속함이여!

오늘도 냉가슴 앓는 소녀는
"혹시" 라는 한 가닥 희미한 희망을 걸고
소리없이 내리는 빗줄기에
휘어진 마음을 기댄답니다

6부

사진첩 감상

어느날 오후 엉클어진 책장 정리도중
눈에 띄는 낡은 사진첩을 열어 본다
잃어버린 시간들, 가물가물 기억이 실뽑듯
향커피 연기속에 두리둥실 떠오른다

유년기 티없이 맑은 마음 구슬꿰듯
긴머리 촘촘히 따아 늘어뜨린 엄마의 손자국
동화속 인어공주가 되어 모래밭을 뒹굴다
먼 수평선 바라보며 왕자를 기다리는 네 모습
순간, 잃어버린 순진이 꿈틀거린다

맘껏 포즈취한 통기타 젊음을 노래하고
학창시절 도토리 키재듯
얼키고 설킨 사연이 거미줄을 치고 있다
그 속에 살아 있는 우정의 숨소리
마구잡이 선머슴같은 행동들
잘난채 고상을 피웠지만 촌티가 흐른다

꾸밈없는 아름다움에 웃음지으며 중얼거린다
겉이 푸르다가 호박이 수박되랴
각박한 세상살이 구수한 향수에 젖어
잊어 온 친구들 이름 부르며
전화기에 눈을 돌린다

아버지 집

가난한 동네
양지바른 곳 작은 성당
낮은 담장 안 어머니 향기 그윽하고
나의 집은 기도하는 집이라 간판 달고
한 줄기 빛 비춘다

바람결에 떨어지는 낙엽은
복음전파의 쪽배
함께 갑시다 내 아버지 집
생명의 말씀 돛을 올리고
가을 거리를 노 저으며
또 다시 봄의 새 생명을 위해
겨울 흙 속에서
아버지를 증거한다

풍랑이 잠든 마당에는
전교을 위해 그물을 치고
하얀 마음 옹기종기
나눔으로 하나되어 일치를 이루는
작은 사랑이 꽃피는 평화의 광장

그릇 그릇 예수 부활을 믿으며

곡예사의 기도

날 저무는 언덕길
또 다시 속절없는 시간 속에 휘날리는
금빛 십자가
여기 길 잃은 어린양
모두가 떠나버린 빈 무대 앞에서
욕심에 먼지낀 질그릇을 비웁니다
오늘도
색색이 엮은 공을 굴리며
한점 실수도 허용되지 않는 허공에서
어릿광대 되어
잠시 박수갈채 소리에 귀멀어
흥겨운 가락에 발맞추며
허영에 줄을 탄 곡예사
캄캄한 밤하늘에 띄우는 기도

주여!
세속의 달콤함에 유혹되지 않고
저에게 주어진 십자가를
받아들일 힘과 용기를 주소서
밤하늘을 울리는 구원의 송가
수많은 별을 세듯 질그릇 기득
참사랑을 담는다

성모 어머니

장미향이 그윽한
5월의 파아란 하늘 아래
겸손하신 어머니를 생각합니다
당신은 끝없는 사랑입니다
목마를 때 물을 주시고
배고플 때 먹을 것을 주시며
자식의 고통을 대신할 수 없어
가슴 아파 하시는 성모 어머니
십자가 옆에서 말없이 순종하시면서
당신의 가슴은 안타까움에 멍들었습니다

이 시간
당신의 변함없는 고귀한 사랑을 느끼며
진심으로 감사드립니다
이제는 당신의 뜻대로 살아 갈 것을 다짐합니다
항상 저희 가는 길에 길잡이 되시어
등불 비추시는 인자하신 성모님
저희의 영혼한 안식처이신 어머니!
오늘 밤 우리는 무한한 사랑의 표현으로
당신 발 앞에 장미 꽃다발을 바칩니다

감사 기도

오늘 비로소 깨달았다
우리는 기도할 때
너무 무겁게 주님께 나의 요구를 간청합니다
나의 기도가 이루어지기란
꼭 높은 산을 정복하거나
기적을 바라는 것과 같다

기도할 때 항상 이루어 질수 있는
낮은 언덕을 목표로 잡아라
너무 높이 잡았다가
뜻대로 되지 않으면 실망하고 좌절한다
목표만 높이 새운 것은 나의 욕심이야
이루지 못한 목표는 하늘의 뜬구름이야

그동안 얼마나 좌절했던가!
낮게 청하여라
그리하여 이루어지는 기쁨으로 새 힘을 얻고
주님께 감사드려라
그동안 주님께 받은 은총을
당연한 것으로 받아들이며 감사할 줄 몰랐다

어떤 처지에서든 감사할 줄 아는 이가 참 신앙인이다
감사를 하면 은총이 두 배로 온다
이제부터 감사기도를 해야겠다고 다짐해본다

예! 주님

가을 어느 날
마음이 답답하고 허전하여
어딘가 의지하고 싶을 땐
길모퉁이 이곳을 찾아옵니다
침묵이 조용히 흐르는 고요한 성전 안
십자가의 주님께서 어서 오라시며
나그네의 발걸음을 반갑게 맞이해 주십니다

이 시간
십자가 옆 감실 앞에서
무릎 굻고 조배하며 기도 드립니다
나의 무거운 짐 내려놓고 쉬게 하신 주님!
어쩌면 좋아요
당신만 믿고 따르겠다고 몇 번 이나 다짐하건만
저의 신앙은 호롱불 심지처럼
바람만 불면 곧 꺼져 버립니다
이 졸장부를 용서 하소서

그때 어디선가 주님의 음성이 들린다
주님을 시험하지마라
주님을 의심하는 만큼 더 느려지리라
무조건 나를 믿고 따르라!
예! 알겠습니다. 주님

조배

비가 올 듯 마음이 가난할 때면
흐트러진 맘 가다듬으며
아버지를 찾는 비밀 통로에서
단 둘이 만의 대화
가슴속 깊이 숨겨둔 사연들
명상의 넋두리를 한다

성에 겨워
생각 없이 씹은 언어들이 얽히어
앞뜰 나뭇가지가 마구 흔들리면
서로 옳다고 우왕좌왕
바람결에 점 하나
어디를 갈 줄 몰라 헤매입니다
뜰 모퉁이 키 작은 풀잎 하나
푸르름을 인정받고자
서투른 꽃 피우지만 시들어 고개 숙입니다
주님은 나의 피난처요
나의 머리카락 하나까지 알고 계신 당신께
무엇을 말씀드리겠습니까
침묵----

위로의 말씀으로
가난한 마음을 달래니

잠든신화

해 저무는 서산 하늘
높새 바람에 출렁이는 물결을 보았습니다
그것은
유년시절 철없던 입씨름으로 쌓아올린
우리들의 모래 탑
거친 파도 위에 빛나는 흰 물거품이었습니다

먹구름 속을 거닐다
한바탕 쏟아지는 소나기였습니다
허허 벌판에 엎질러버린
아낙네의 물동이였습니다
저녁 노을
밀물과 썰물의 맥박소리가 교차되는 바닷가
덩그러니 홀로 남은
소라의 서러운 아우성이었습니다

지금은 신화가 되어 버린 추억
어디서 날아 왔는지
한쌍의 갈매기가 높새바람을 타고
잠든 물결을 휘젓으며 날아갑니다

주홍별 이야기

밤 하늘 형형색색 아름다운 별들
다홍색 집을 짓는다

파란 별은 은하수 쪽배위에서 빤짝이고
빨간 별은 시붕위에서 외형
노란 별은 창틀에서 내형
모두들 제자리잡이
자기만의 목소리로 노래하건만
우유부단한 주홍별 하나
제 자리 찾지 못하고 굴러 다닌다

어디로 가야 할까?
오른쪽에는 파란별 왼쪽에는 노란별
반짝거리며 중립을 찾던 소망
깍이고 깍여 부싯돌 되어
어느 날
담장위 처마 밑에서
중추돌로 박힌다

바닷가의 비너스

어느 이름없는 조각가
이글거리는 정열을
푸른 물결 위에 뿌리며
폭풍에 폐허될 모래밭에서
조각을 한다
뜨겁게 내리 쬐며 일광욕을 즐기는
바닷가의 비너스
익어가는 여름 속에서
유연한 몸매를 뽐내고 있다
오가는 사람들 발길을 붙들고

밀물과 썰물이 교차되는 시간
하나 둘
붉게 찍히는 모래 위의 발자국
모두가 떠나버린 바다를
비너스 홀로 지키고 있다

봄소식

누구의 목마름인가
창밖에 내리는 빗물은 밤새워 흐느끼는데
매연으로 자연이 몸살하고
도시 안 밖에서 어지러운 사회에 체한 듯
그리움의 구토를 일으킬 때
추억을 모르는 괘종시계
똑딱 똑딱 잎만 향해 달리고
라디오에서 푸른 깃발 펄럭이며
클래식 음악위로 봄소식이 들려온다
이 시간 기다림 속으로
열린 마음 이름 없는 시인이 되어
초원의 안부 편지를 띄운다
새 생명을 잉태한 영혼의 안식처
어머니 품 같은 봄
설레임으로 마디마디 녹음을 되새기며
멀리서 밀려오는 꽃의 향기
푸른 풀 잎 벚꽃의 개화
한 줄기 바람에 낙화되는 그대
봄 언덕 그리워
가로수가 잠들기 전
허급지급 집을 나선다

잊혀져간 얼굴

어느 날
책장 서랍 속 깊이 들어있는
손 때 묻은 낡은 오래된 수첩
수첩 속에 씌어진 낯익은 이름
옛 친구 얼굴이 떠오른다
지금은 어디에서 어떻게 살고 있을까?
안부가 궁금해 진다
아마 잘 살거야? 무심하기로

나는 한때는 그 친구랑 친하게 지냈다
그런데 어느 날
회오리바람이 불면서
우리 사이 보이지 않게 금이 갔다
나는 나대로 자존심
너는 너대로 자존심
그러다 연락이 두절되었다

연락오기를 기다리다
바쁜 생활 속에 잊혀져간 얼굴
뒤늦게 생각이나
그대 얼굴 보려니
연락할 길이 막막하구나

하찮은 자존심에 얼굴 보지 못하니
나의 가슴에 못내 아쉬움이 가득
이 시간 탈색된 사진만이
오기없이 정순한 마음을 노래하고 있었다

동해바다

웅장한 바위
인적없는 작은 섬
자존심 죽이기 연습을 한다
철썩 철썩
힘차게 밀려오는 파도
모난 바위 깎으며
필요없는 자존심 한낮 물거품
하얗게 스러진다
끊임없는 반복의 연속으로
깍고 깍이는 바위의 고통
순종으로 맞으며
지는 것이 이긴다. 푯말 달고
묵묵히 마음 비운다
바위와 파도의 절박한 씨름
자연의 각선미를 창조하였다
우렁찬 동해바다
한 폭의 그림을 그린다

차창 밖으로

차창 밖으로 들리는 소리
다리 밑에 흐르는 냇물
오염으로 썩어가는 군청색 물결위에
둥둥 떠다니는 오만과 희열의 물방울을
바라보던 어느 여인
물색이 너무 진하다
너불어 사는 사회를 오염 시킨다
이 물이 흘러서 바다로 가는데
바다 고기는 얼마나 싱싱할까
혼자 걱정스럽게 중얼거린다
문득
바람결에 밀려오는
내 마음에 흐르는 물결
사랑의 얼이 빠진 희뿌연
분노의 죄색 물소리를 듣는다

실루엣 속의 여인

지상의 생명수가 잠든 깊은 밤
피곤한 밤거리를 밝히는 가로등
빛으로 무장하여 방범을 서고
동네 빈 공간 주차한 차들
월광 소나타에 장단 맞춰
자유를 즐기는데

자유와 진리속에
양심을 저울질하는 어둠의 여인
끝없는 갈등의 실바람
불평등한 세속 질책하며
가로등에 기대어
무엇인가 골똘히 생각에 잠긴다

부질없는 욕구 속에
꺾고 꺾이며 굵어진 마디마디
헉헉거린 삶의 무게를 그려본다
퇴색된 나무 잎 같다
떨어지는 낙엽 속에
모든 것 버리고 돌아 설 때
실루엣 속으로 한 줄기 빛 흐른다

고미영 시집

풀리지 않는 매듭

초판1쇄 발행 2022년 8월 15일

지은이 고미영
펴낸이 이길안
펴낸곳 세종출판사

주소 부산광역시 중구 흑교로 71번길 12 (보수동2가)
전화 463－5898, 253－2213~5
팩스 248－4880
전자우편 sjpl5898@daum.net
출판등록 제02-01-96

ISBN 979 11 5979 523 7 03810

정가 10,000원